COUP D'OEIL

RAPIDE

SUR LES RÉVOLUTIONS FRANCAISES DE 1789 ET 1830.

Tous les exemplaires qui ne seront pas revêtus de ma signature, seront réputés contrefaits, et les contre-facteurs seront poursuivis selon la loi.

COUP D'OEIL

RAPIDE

SUR LES RÉVOLUTIONS

FRANÇAISES

DE 1789 ET 1830.

PAR FOURQUET-D'HACHETTE,

AUTEUR

DE L'ANGLETERRE ET SON GOUVERNEMENT

DEPUIS SON ORIGINE JUSQU'EN 1830,

ET DE PLUSIEURS AUTRES OUVRAGES POLITIQUES ET LITTÉRAIRES.

Dans un Gouvernement représentatif, la souveraineté appartient au peuple; il en délègue l'exercice; et un Roi constitutionnel sur son trône n'est que le représentant de la nation.

Paris,

CHEZ A. BOULLAND, LIBRAIRIE CENTRALE,

GALERIE NEUVE D'ORLÉANS, N. 1.

1830.

COUP D'OEIL

RAPIDE

SUR LES RÉVOLUTIONS FRANÇAISES

DE 1789 ET 1830.

———◦◦———

Depuis 1815, la France, asservie au joug affreux du despotisme royal et monacal, attendait avec impatience l'instant heureux où elle pourrait reconquérir sa liberté ! Elle avait reconnu que, pour être heureuse, il lui fallait l'exécution pleine et entière de ces grands principes du droit politique qui assurent les fondemens des empires et la prospérité des peuples ; elle avait encore reconnu la vérité de cette maxime si précieuse : que l'autorité législative, ne pouvant s'anéantir, remonte vers sa source qui est le peuple ; que l'oppression le fait rentrer dans ses droits primitifs ; que le pacte originaire, conclu entre lui et son chef, renferme des obligations et des devoirs respectifs ; que la violation de ce contrat primordial ramène l'homme dans un état de liberté et d'indépendance, et donne le droit au peuple d'exercer sa souveraineté.

Comme avant 1789, les hommes du pouvoir ne voulaient point de cette science politique, qui tend à perfectionner les institutions sociales, et à affermir sur des bases solides les principes des gouvernemens : ces hommes pervers et monopoleurs sacrifiaient l'intérêt général aux intérêts particuliers.

La France, fatiguée de son odieux servage, lève sa tête superbe, et, par une de ces commotions terribles qui ébranlent et détruisent les empires, elle brise les chaînes dont on l'avait chargée.

Quelle éloquence et quelle onction peuvent être comparées à celles de cœurs long-temps opprimés qui brisent les chaînes du despotisme, et commencent à sentir la douce influence de la liberté ! quel plus auguste langage que celui d'une nation qui est entièrement pénétrée du sentiment de l'indépendance et de la dignité de l'homme, qui lève tout-à-coup un front libre, et annonce à l'univers qu'elle ne veut désormais dépendre que de Dieu et des lois; tout ce que la raison et la sagesse ont de plus imposant, tout ce que le génie et la vertu ont de plus sublime, tout ce que le courage et la valeur ont de plus héroïque, a été mis en usage pour soutenir une résolution si vigoureuse et aussi digne des regards du ciel, que de l'admiration de la terre.

La liberté étant en quelque sorte un satellite roulant dans le tourbillon de l'astre puissant qui éclaire l'univers, il était impossible d'empêcher les rayons de sa lumière politique de frapper les regards du peuple.

Liberté, sainte liberté ! sommes-nous dignes de te rendre hommage, et d'allumer ta flamme ? La main de l'erreur, celle du despotisme, n'ont-elles pas brisé le moule où tu jetas l'ame des Brutus et des Catons ? La corruption de l'homme lui permettra-t-elle d'entendre tes leçons sublimes ? Que de sang ont versé les peuples pour défendre chacun à leur guise les droits de leur créateur ! que de sang ne viennent-ils pas de verser encore pour conquérir ceux de leur indépendance !

La liberté ouvre un vaste théâtre à toutes les passions, à toutes les espèces d'ambition ; de grandes révolutions demandent de grands hommes, et chez tous les peuples corrompus n'ont produit que trop souvent de grands ambitieux ; ils ôtaient aux peuples tous les freins qui les retenaient, pour s'en servir à leur gré : mais bientôt le mouvement de ces peuples les entraînait eux-mêmes ; ils en tombaient les premières victimes, et finissaient par sentir que l'esclavage des passions est encore préférable à leur liberté.

L'humanité serait bien à plaindre si elle ne pouvait s'arrêter entre ces deux écueils ; de grands abus nécessitent de grandes révolutions ; et ces secousses violentes du genre humain lui font enfanter des grands hommes ; la nature semble les tenir en réserve pour ces époques mémorables du monde ; la France à reconnu Napoléon pour le plus grand capitaine de l'Europe ; Mirabeau, pour le plus éloquent des défenseurs de ses libertés publiques, mais Lafayette à conquis et mérité dans les deux mondes les palmes glorieuses de l'immortalité en brisant les fers de deux grands peuples de la terre, asservis au joug du despotisme des rois.

A travers une forêt d'abus, de préjugés, d'obstacles de toute espèce, la liberté française a marché lentement ; la vie des êtres organisés se mesure à la durée de leur développement ; et de même celle de la liberté des peuples se mesure aux efforts qu'elle leur a coûtés.

Un peuple opprimé qui brise ses chaînes est comme un lion rugissant ; il n'écoute que les cris de la vengeance et du désespoir ; il prend les armes pour exterminer ses tyrans. Dans sa fureur il renverse toutes les barrières, frappe de tous côtés, ne connaît, pendant long-temps, ni lois, ni justice, ni clémence ; mais, rappelé enfin à la raison et à la justice, il reconnaît ses erreurs, verse des pleurs sur ses violences, et ne forme des vœux que pour la tranquillité publique. C'est une fatalité attachée à toutes les révolutions d'être accompagnées de mouvemens convulsifs ou des horreurs de l'anarchie. Il semble qu'on ne peut aller au bien que par des violences ou par des crimes. La nature nous fait payer cher ses bienfaits; on les achète par des sacrifices, et on les obtient par des larmes. L'arbre de la liberté n'a cependant pas besoin, pour vivifier sa tige, pour étendre et embellir ses rameaux, d'être arrosé de sang humain. Les peuples doivent briser les chaînes de la servitude et rentrer dans l'exercice de leur souveraineté par la justice, la sagesse et les vertus publiques. C'est dans leur soumission aux lois, dans leur amour pour le bien public, qu'ils trouveront la paix et le bonheur. La mort d'un innocent est un jour de deuil pour l'humanité : Dieu a manifesté sa grandeur et sa puissance en créant l'homme. Pourquoi faut-il que la régénération des peuples s'affermisse par la destruction et par la mort.

Pendant la révolution de 1789, on torturait les consciences; on multipliait les prisons, les gibets, les échafauds; le silence de la destruction et de la mort régnait sur toute la France, et un crêpe funèbre était étendu sur toutes les parties de ce beau pays : tous les citoyens, plongés dans un morne silence, gémissaient sur leur existence; arrosaient de leurs pleurs cette terre ensanglantée, et invoquaient les abîmes pour les ensevelir.

L'esprit délirant des provocateurs de cette révolution n'enfanta, pendant cette époque sanglante de notre histoire, que des erreurs; un système d'insubordination et de licence dénatura toutes les conceptions, et obscurcit les lumières de la raison. Ici l'on voulait une pure démocratie, sans prévoir que ce gouvernement consacre la tyrannie populaire, et devient un foyer ardent où viennent s'allumer toutes les passions; là on parlait sans cesse au peuple de ses droits, et jamais de ses devoirs. C'est en l'entretenant sans cesse de sa souveraineté qu'on le rend toujours trop crédule et quelquefois factieux. Alors, fier de sa puissance, il brave les lois; c'est ainsi qu'en célébrant sa liberté, il forge lui-même les fers qui doivent bientôt l'asservir; les autres demandaient une législature composée de tous les pouvoirs, sans en faire les séparations et en marquer les bases principales; plusieurs pensaient qu'il fallait réunir la puissance législative et exécutive dans une assemblée des représentans du peuple. Cette diversité d'opinions, et ce choc de principes, répandirent la lumière et l'instruction. L'esprit s'éclaira, la raison se perfectionna; les nuages qui avaient obscurci l'horison politique se dissipèrent; l'astre du jour vint vivifier et embellir la nature, et le génie enfanta des miracles.

On étudia, on médita cette science de la politique, destinée à régénérer les empires, à établir la liberté publique et la félicité des peuples : chaque individu, avouant sa propre faiblesse, et reconnaissant ses erreurs, abandonna ces systèmes qui flattent l'orgueil et l'ambition, ces théories abstraites qui égarent l'esprit; ils reconnurent qu'une constitution devait renfermer cette balance des pouvoirs, cette triple composition, seule capable d'établir un gouvernement libre et fort. Le peuple français comprit enfin que, pour être libre et heureux, il fallait obéir aux lois, respecter ses législateurs et ses magistrats, enchaîner toutes les factions, défendre les droits sacrés de la propriété, et pratiquer les vertus publiques : cette heureuse révolution dans les esprits fut l'ouvrage de l'immortel Lafayette. Ses vœux furent exaucés, le ciel bénit les vertus de ce guerrier législateur. Les sources des divisions se fermèrent; l'harmonie, l'ordre et la paix succédèrent aux horreurs des factions et aux crimes de l'anarchie : le corps social, long-temps agité par des commotions convulsives, reprit son ancienne vigueur, et vint affermir le règne de la justice et de la liberté; le peuple, ayant reconnu ses erreurs, obéit aux lois et abandonna au mépris ces provocateurs, ces apôtres de la licence, qui voulaient fomenter dans l'état la confusion, pour satisfaire leur orgueil, leur haine et leur ambition.

Le gouvernement français présenta alors un aspect imposant de vigueur et de force. La confiance et la concorde réunirent le peuple trop long-temps séparé par les dissensions civiles, et rien ne pouvait rompre les liens formés par l'intérêt général : les législateurs et les magistrats se dirigeaient par les principes de la justice, et cet accord sublime leur donnait l'enthousiasme des vertus publiques : les guerriers brûlaient de combattre pour défendre la liberté, et le peuple offrait son sang et sa fortune pour affermir son indépendance et consolider sa constitution : l'économie et l'ordre réglaient l'administration des finances ; l'état n'était plus ébranlé par ces commotions violentes et ces tumultes anarchiques, précurseurs de la chute des empires ; des hommes se couvrant du voile du patriotisme et nourrissant dans leurs cœurs le germe de tous les crimes, ne trompaient plus le peuple par de fausses vertus et de fausses maximes, et ne s'engraissaient plus de sa substance ; on ne connaissait point cet art terrible et cruel détablir la tyrannie et la terreur, en préconisant la liberté et les lois ; on ne voyait plus la corruption et la férocité s'unir, par un pacte sacrilége, pour dévaster les propriétés, pour dépouiller les citoyens de leurs biens , au nom de l'égalité , pour dresser des échaffauds et immoler des victimes , au nom de la patrie et de l'humanité ; on ne voyait plus des infracteurs du pacte social s'applaudir de leurs triomphes , et couvrir leurs attentats du voile du salut du peuple et de l'intérêt public.

La marine française , anéantie par la négligence et les trahisons d'une cour corrompue et déprédatrice, reprit sous la république une nouvelle existence ; on la vit rapidement armée , à peu près comme ce fier coursier que Neptune d'un coup de trident fit sortir tout équipé du sein des eaux. Par un prodige étonnant, les ports furent remplis de vaisseaux , et des escadres formidables arborèrent le pavillon tricolore inconnu jusqu'alors sur les mers. Ces efforts étonnèrent l'Europe , et attestèrent à toutes les nations les ressources immenses que la France trouve dans ses finances, son commerce, ses productions territoriales, son industrie, ses richesses et sa population.

Les armées françaises étaient partout victorieuses ; l'étendart tricolore flottait avec majesté sur les remparts et les édifices de presque toutes les villes de l'Europe, et au milieu des camps. L'arbre de la liberté , échauffé et embelli par les rayons de la justice, offrait un ombrage pur et salutaire où venaient se reposer les amis des lois et de l'humanité.

Le peuple français avait proclamé l'établissement d'une république à la place d'une monarchie.
Il avait pris les armes et versé son sang pour affermir son indépendance sur des bases iné bran-
lables. Sans doute il n'est pas permis aux souverains de protéger une rebellion partielle et de
secourir des sujets audacieux et rebelles, qui s'ar-
ment pour combattre l'autorité légitime ; mais
lorsque l'insurrection est générale, et qu'un peuple, long-temps opprimé par la tyrannie de ses
chefs et dégradé par la corruption d'un gouvernement qui devrait le protéger, parvient, par la
force de ses armes, par le sentiment de sa grandeur et de sa dignité, par l'énergie de ses vertus,
à briser les fers de la servitude et à punir ses op-
presseurs, alors l'humanité entière applaudit à ce
triomphe de la justice et de la liberté ; et c'est
ainsi qu'elle rend un hommage éclatant, et qu'elle
confirme solennellement son indépendance et la
souveraineté des nations : alors les autres puissances doivent respecter la constitution, le gouvernement et les lois que ce peuple intrépide vient
de créer pour son intérêt et pour son bonheur ; ce
principe fondé sur les droits des peuples, sur le
contrat social, sur les institutions saintes de la nature ; de la morale et de la politique, a reçu une
sanction universelle. L'empereur Léopold, les
princes d'Espagne, de Suède, de Danemarck, ont

reconnu pour roi d'Angleterre le prince d'Orange,
lorsque le peuple anglais lui décerna la couronne.
lorsque Gustave Vasa monta sur le trône de Suède,
au mépris de l'union de Calmar; lorsque Albert de
Brandebourg se fit déclarer duc et souverain de la
Prusse, dont il n'était que simple administrateur
pour l'ordre teutonique; lorsque Jean de Bragance
se fraya, par une révolte manifeste, le chemin au
trône de Portugal; lorsque Cromwel exerça l'autorité suprême, dont il était l'usurpateur, les autres puissances reconnurent ces pactes nouveaux,
qui formaient le gouvernement de ces peuples;
elles virent sans inquiétudes et sans alarmes les
Bataves briser les fers des farouches Espagnols, et
la nation helvétique se soustraire à la domi-
nation tyrannique de la maison d'Autriche.

En brisant le joug de l'Angleterre, les colonies
américaines avaient acquis les droits originaires et
les priviléges d'un peuple libre. Henri VII fit une
loi qui défendait de condamner; ni de rechercher
les Anglais qui avaient suivi le parti du prince qui
était en possession de la couronne, soit qu'il y eut
droit ou non. Le chancelier Bacon a prouvé la
justice de cette loi; le fameux Vaine s'en servit
pour justifier son attachement à Cromwel, et sa
haine contre la monarchie.

Si, par un effet de cette loi domestique, un
citoyen peut impunément et légalement défendre

l'usurpateur qui est en possession de la souveraineté ; si un Anglais , instruit des lois fondamen-
tales de sa patrie, obligé par les devoirs de son état
et de sa naissance de concourir à leur exécution,
peut, malgré son serment de fidélité prêté à son
chef légitime, et sans crainte d'être déclaré re-
belle par la loi , obéir à l'usurpateur qui s'est em-
paré du trône , il faut nécessairement en conclure
que des étrangers ne peuvent ni examiner , ni
discuter , ni juger les droits qu'exerce celui qui
est appelé à l'autorité souveraine par la volonté et
la sanction du peuple. Lorsque par cette même
volonté Napoléon avait été élevé à la dignité im-
périale , les puissances étrangères , qui , à cause
de cette élévation nous ont déclaré continuelle-
ment la guerre , n'avaient aucun droit pour inter-
venir dans les affaires du gouvernement français
de cette époque. Leurs déclarations de guerre
contre nous , et leurs invasions de la France, ont
été autant d'actes arbitraires commis par elles contre le droit des gens et la volonté du peuple.

Les envahissemens de la France par les troupes
étrangères coalisées ont été marqués par le pillage
et la dévastation ; des milliers de villageois, sans
distinction d'âge et de sexe , ont été chassés de
leurs demeures , et exposés à la rigueur des sai-
sons par l'embrasement de leurs villages sans dé-
fenses. Dans leurs triomphes, ces hordes barbares

ont messacré de sang froid des hommes qui n'étaient plus en état de leur résister ; ceux qui ont échappé à ces scènes de carnage ont été réduits à traîner leur déplorable existence dans les villes pour y solliciter la charité publique. Ces horreurs n'ont pas été seulement l'ouvrage de la cruauté insultante des nations alors ennemies de la France ; c'était un système de vengeance médité depuis long-temps par l'exécrable famille des Bourbons, et consacré par la sanction de douze souverains réunis sous la dénomination de *sainte alliance !* déterminés les uns et les autres à se venger des humiliations que nous leur avions faites subir par vingt-cinq ans de conquêtes.

Lorsque les Bourbons eurent été ignominieusement chassés de la France pour la seconde fois, ils auraient dû voir que le peuple français était fatigué de leur présence, et ne plus rentrer dans un pays d'où ils avaient été bannis, et où ils ne pourraient jamais espérer d'être considérés ni aimés du peuple. Mais la soif de régner, et celle de la vengeance, qui dévoraient leurs infâmes entrailles, leur fit de nouveau mendier les secours de l'étranger. Les souverains du Nord, qui redoutaient la puissance de nos armes, s'armèrent plutôt pour éviter une juste représaille de leurs invasions, que de replacer sur le trône de France une famille que chacun d'eux méprisait intérieurement. Et comment cette

famille n'aurait-elle pas été méprisée par les puissances étrangères, lorsqu'elle était dans l'exil, elle
leur a constamment servie d'espion.

Les Bourbons, replacés sur le trône de France
contre la volonté de la nation, n'ont marché que
de crime en crimes... Ney, Labbédoyère, Rapp,
Suchet, Mouton-Duvernet, Brune, Berton, Foy,
Manuel, et tant d'autres victimes ont été sacrifiées
à leur vengeance!

Ils n'ont pas même respecté la glorieuse vie de
Napoléon! Par les mains sanglantes de leur infâme
sicaire sir Hudson-Low, ils ont empoisonné à
Sainte-Hélène, le plus grand capitaine que l'Europe ait connu. Mais sur cette île aride et sauvage,
si Napoléon a trouvé un trépas prématuré, ses
malheurs aussi bien que ses innombrables trophées
de gloire l'ont placé au temple de l'immortalité,
et la célébrité de son nom, inséparable désormais
de celui de Sainte-Hélène, se perpétuera dans l'avenir tant que les effets volcaniques qui, dans les
gouffres de l'Océan, ont enfanté ce formidable
rocher ne l'auront pas effacé entièrement de la
surface de l'onde.

Si Napoléon fut grand, sa clémence fut plus
grande encore; s'il n'eut eu cette sublime vertu
en partage, la famille des Bourbons aurait cessé
d'exister depuis long-temps. Leur sang, versé en
sacrifice expiatoire sur les mânes de nos braves,

aurait encore épargné celui de vingt mille Français morts pour la défense de la liberté.

Des prisonniers français qui, après la campagne de Moskou, avaient été amenés en Sibérie et au Kantchatka, ont été égorgés dans ces climats destructeurs par les ordres des Bourbons. Ceux, qui après avoir échappé au glaive et au plomb meurtrier des combats, avaient survécu à la rigueur des frimats, aux souffrances de la faim, et au fer de leurs assassins, ont traînés dans ces contrées sauvages une pénible existence, dont chacun d'eux a vu arriver la fin sans crainte, puisqu'elle seule pouvait terminer leurs misères, et leur dernier soupir a été encore pour une patrie qu'ils ne pouvaient plus espérer de revoir, puisque les Bourbons les avaient condamné à périr dans ces climats glacés.

Pourquoi faut-il qu'après tous ces forfaits les Bourbons ayent encore conservé leur existence!... S'ils eussent payé de leur tête tous les crimes qu'ils ont commis, nous n'aurions pas à déplorer tant de victimes, et la France aurait été vengée.

Peut-être me peindra-t-on sous les traits d'un agitateur, d'un démagogue, qui ne cherche qu'à maîtriser le peuple, en flattant ses passions, et en l'éblouissant par des sophismes, et à servir son ambition, ou des vengeances particulières ; il n'est que trop vrai que tels sont les traits auxquels peuvent se reconnaître bien des gens en crédit; mais moi, confondu dans la foule, et presque inconnu; placé, comme la majeure partie des Français, sur le bord de la mer orageuse de ces opinions, j'ai cru devoir faire connaître que les miennes ont toujours été d'un libéralisme pur. Victime de l'ex-gouvernement, j'ai été en 1814 et 1815, traîné de cachot en cachots, de Digne (Basse-Alpes) à Paris, par les ordres du comte Montlivaut, alors préfet de ce département. Ayant été arrêté comme *suspect à l'état*, à mon arrivée à Paris, j'ai été réintégré en prison, et l'on ne m'en a fait sortir que pour m'exiler à l'étranger, où j'ai été pendant cinq ans en proie à tous les besoins.

Dans les contrées méridionales de la France, la seule couleur plus ou moins prononcée des opinions d'un homme était devenue, en 1814 et 1815, le tarif de l'estime ou du mépris qu'on devait lui accorder; et ceux qui, comme moi, s'étaient exprimés ouvertement en faveur de la liberté, n'ont échappé à la mort que par des circonstances indépendantes de la volonté des assassins salariés par les Bourbons!...

Né de parens républicains qui jouissaient d'une honnête aisance, et que l'ambition ou les richesses n'avaient point infectés de leurs préjugés, j'ai sucé avec le lait les principes d'une juste et sage liberté. La religion m'apprit que tous les hommes avaient une origine commune, que tous étaient frères, que tous avaient le même droit aux bienfaits de leur Créateur. Ces principes religieux que les sophismes de l'orgueil avaient toujours respectés, et qui avaient déjà prévenu la voix de mon cœur et de ma raison, me disposèrent naturellement à reconnaître, parmi mes semblables, l'égalité des droits que pouvait comporter l'harmonie de la société. Quand ensuite je fus en état de porter mes regards sur l'ordre social existant et de le juger, je fus étonné de rencontrer dans une république, et parmi mes concitoyens, une différence de classes qui choquait toutes les idées d'égalité et de justice que je tenais de leur appliquer; sans m'arrêter sur les absurdes classifications que j'avais sous les yeux, je vis le genre humain divisé en deux parts, dont l'une se croyait apparemment issue d'un Dieu, dont l'autre était abaissée au rang des animaux, et rien dans ce tout difforme ne me présentait mon espèce ou l'humanité. Navré de voir tous les principes de justice et d'harmonie sociale ainsi confondus, je jurai de défendre la cause de la liberté et, en contribuant à relever les droits de l'homme et du citoyen, de ne point laisser éteindre les rayons ardents de la liberté que le génie de J. J. Rousseau a projeté sur les nations, en circulant autour d'elles. Sentant néanmoins que la plus belle théorie pouvait devenir dangereuse dans l'application, que je pouvais me tromper en présumant trop avantageusement de cette classe nombreuse de mes semblables, qui me paraissaient dignes de vivre sous le régime de la liberté, et d'atteindre à l'honneur de la nature ; sentant, enfin, que l'ordre et la paix, fondés même sur des bases viciées, sont d'un prix si inestimable qu'il est imprudent de mettre en mouvement les peuples qui en jouissent, pour leur faire courir la chance d'acquérir une liberté souvent trop près de la licence, je résolus de ne point amener le règne de mes opinions par des secousses violentes, et de laisser agir sur les esprits les lumières de la philosophie, qui de toutes parts dissipaient la nuit des préjugés, et qui, en éclairant les yeux du peuple, devaient nécessairement amener la révolution de 1830.

Puisse le gouvernement actuel ouvrir les yeux sur le passé, et lire dans l'avenir ce qu'ordonne impérieusement de lui cette révolution, et marcher d'une manière franche et décidée avec elle, heureux si sa lenteur à s'exécuter, ne rend sa chute inséparable des vrais principes constitutionnels, qui seuls peuvent assurer aux peuples cette liberté individuelle par laquelle toutes les classes de la société peuvent jouir des mêmes avantages, en respectant les lois qui garantissent à chacun d'eux le libre exercice de ses droits. Il faut que ces principes soient basés sur la nature qui réclame pour tous les mêmes droits au bonheur; c'est à la recherche de ces vérités sublimes que le gouvernement doit sans cesse s'occuper ; et, en répandant avec le plus d'égalité possible la somme de bonheur que le Créateur nous a dispensée, il s'attirera l'admiration et le respect public dont il ne peut se passer sans exposer de nouveau la France aux fureurs de la licence et aux horreurs de l'anarchie.

Le gouvernement constitutionnel est celui qui convient le mieux à la France, cependant j'avouerai que je n'ai jamais cru que la félicité publique fût attachée précisément à telle ou telle forme de gouvernement, ou à une balance parfaitement juste de droits politiques, mais plutôt à une disposition naturelle des cœurs à s'entendre et à chercher, en frères, le plus grand bien de l'État.

Plus j'avance dans la carrière, et plus je suis convaincu qu'il est aussi difficile à un peuple d'atteindre à une constitution parfaite, qu'il est à un individu d'atteindre au vrai bonheur. Tout ouvrage politique péchera nécessairement par la base, dès que les passions de l'homme en composeront les élémens. Mais où en serions-nous si chaque parti qui existe en France, voulait établir un gouvernement à sa manière, c'est-à-dire en changer l'organisation pour y substituer les chimères de son imagination, ou les suggestions de son intérêt particulier; dès-lors l'expérience des siècles qui, après mille essais vains et toujours funestes, aurait consacré tel ou tel gouvernement comme le plus propre à faire le bonheur des hommes, à contenir leurs passions, n'aurait plus de base solide; dèslors une fluctuation, un agitation continuelle dans les gouvernans et les gouvernés; l'esprit de faction remplacerait l'amour de la patrie; le choc des intérêts divers en banniraient l'ordre et la paix; l'égide des lois n'abriterait plus les personnes ni les propriétés, et loin d'être l'astre vivifiant de l'État, porterait la tête de Méduse... Et que deviendrait la France, si elle était long-temps en proie à ces oscillations? un désert; ses canaux nourriciers se tariraient, et l'on verrait tous les bons citoyens, n'apercevant plus dans cette patrie jadis si florissante, que douleur et misère, pleurer sur les chimères qui les auraient égarés; regretter et revenir aux lois consacrées par la constitution, à l'ombre desquelles la France aurait au moins vu quelques beaux jours.

Si je voulais me faire l'apologiste des révolutions, je considérerais moins où elles peuvent aller, que d'où elles sont venues. Sans doute, il serait à désirer que les hommes ne rompissent jamais un frein qui les conduirait au bonheur; mais où sont les rênes qui doivent guider un peuple heureux, et où sont les hommes justes qui les tiennent? Si quelque nation, sur la terre, pouvait me les montrer, ce seraient, peut-être, les États-Unis d'Amérique. Au reste, j'ai vu tant de différence entre leurs moyens d'y parvenir, et ceux qu'avaient les peuples américains, j'ai vu que les révolutions ont ouvert tant d'abîmes sous nos pas, que l'établissement des droits de l'homme a entraîné si souvent leur violation, même chez ceux qui les avaient toujours à la bouche, que, ne pouvant encore distinguer aucun objet dans ce chaos politique, j'attends qu'une plus longue expérience y verse sa lumière, et je gémis tout bas de ce que l'humanité ne puisse marcher au bien-être que par l'école du malheur.

FIN.

IMPRIMERIE ET FONDERIE DE G. DOYEN, RUE SAINT-JACQUES, N. 38.

www.ingramcontent.com/pod-product-compliance
Lightning Source LLC
Chambersburg PA
CBHW071434030726
47594CB00006B/2726